글쓴이 이경애
동덕여자대학교에서 국어국문학을 공부했으며, 출판사에서 어린이 책을 기획·편집했습니다. 주로 어린이 책을 쓰고 있습니다. 작품으로는 〈저학년 세계명작〉, 〈논술 명작〉, 〈고흐〉, 〈아르키메데스〉, 〈잔 다르크〉 등이 있습니다.

그린이 강미숙
시각디자인을 전공했으며, 한국출판미술가협회 회원으로 프리랜스 일러스트레이터입니다. 경북 디자인 공모전·충남미술대전·예전카드디자인 공모전에서 입상했습니다. 작품으로는 〈매미가 불쌍해〉, 〈지구는 둥글어요〉, 〈다롱이와 거인〉, 〈이솝 우화〉 등이 있습니다

펴낸이 김준석 **펴낸곳** 교연미디어 **편집 책임** 이영규 **리라이팅** 이주혜 **디자인** 이유나 **출판등록** 제2022-000080호 **발행일** 2023년 2월 15일
주소 서울시 관악구 법원단지 16길 18 B동 304호(신림동) **전화** 010-2002-1570 **팩스** 050-4079-1570 **이메일** gyoyeonmedia@naver.com

*이 책에 실린 글과 그림의 무단 복제 및 전재를 금합니다.

【산업의 혁신과 미래 비전을 제시한 위인들】

지 석 영

-종두법 이야기-

이경애 글 | 강미숙 그림

대한민국

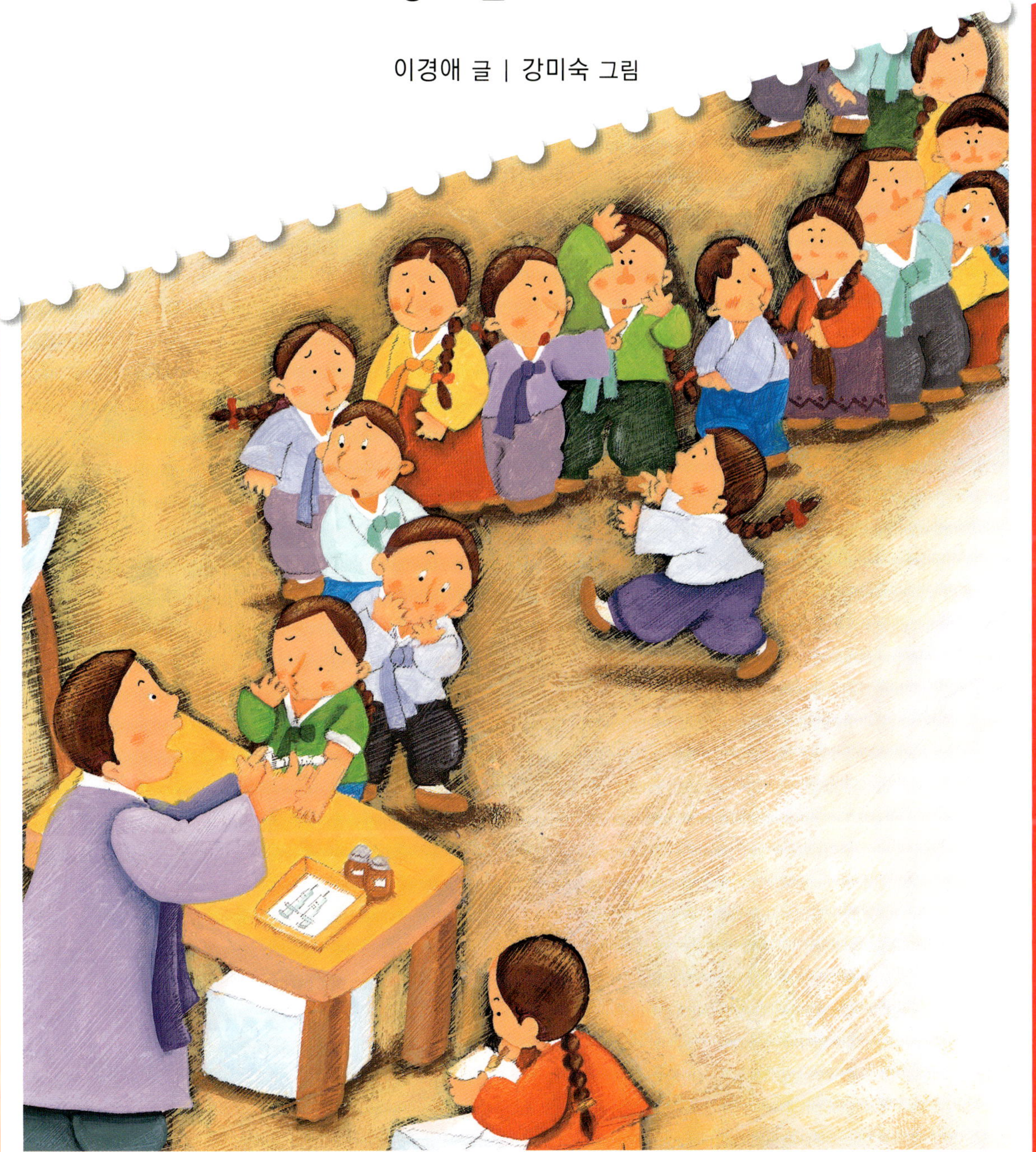

"어머니! 김 참판 댁에서 또 굿을 하고 있어요."
석영이 헐레벌떡 뛰어들어오며 말했어요.
"석영아, 너 또 밖에 나갔었니?
*전염병이 돌 때는 함부로 돌아다니면 안 된다고 했잖아!"
어머니는 걱정스러운 표정을 지으며 석영을 나무랐어요.

***전염병**은 다른 사람들에게 옮는 무서운 병이에요.

"죄송해요. 그런데 어머니, *천연두에 걸리면 왜 굿을 하는 거예요?
아버지에게 약을 지어서 먹으면 되잖아요."
석영의 아버지는 공부를 많이 한 선비였는데,
*한의학에도 관심이 많아 사람들에게 약을 지어 주곤 했대요.
덕분에 어린 석영도 의학에 관심이 많았답니다.
"마마는 약이나 침으로는 고칠 수 없는 병이란다."
"약으로도 고칠 수 없다고요?"
석영은 이해가 가지 않는다는 듯 고개를 갸웃거렸어요.

*천연두는 두창바이러스에 의해 발생하는 전염병이에요. 손님, 마마, 호역 등으로도 불리었답니다.
*한의학은 우리나라와 중국에서 발달한, 병을 고치는 학문이에요.

당시에는 천연두를 치료할 수 있는 방법이 없었어요.
그래서 사람들은 천연두에 걸리면 '마마'라는
귀신이 찾아왔다고 생각하여 굿을 하곤 했대요.
이처럼 천연두는 사람들을
벌벌 떨게 만드는 아주 무서운 병이었어요.
한번 걸리면 높은 열을 내며 앓다가 대부분 숨을 거두었지요.
어쩌다 병이 낫는다 해도 흉한 자국이 남곤 했어요.
"내가 마마를 고칠 수 있는 방법을 반드시 알아내고 말 거야."
석영은 작은 주먹을 꼬옥 쥐며 다짐했어요.

이런 석영의 마음을 알아챈 아버지는 자신의 친구이자
뛰어난 의원이었던 박영선에게 석영을 데리고 갔어요.
"여보게, 자네가 우리 석영이를 한번 가르쳐 보지 않겠나?"
"좋아. 석영이라면 똑똑해서 뭐든지 금방 배울 수 있을 거야."
박영선은 선뜻 *승낙했어요.
이렇게 해서 석영은 박영선에게 한의학을 배우게 되었답니다.

*승낙은 부탁하는 일을 들어주는 거예요.

그러던 어느 날, 책을 읽던 석영은 깜짝 놀랐어요.
'아니, 천연두에 걸리지 않게 하는 방법이 있다니!'
그 책에는 영국의 의사 *제너가 알아낸
천연두 예방법에 대해 씌어 있었어요.
제너는 사람이 소가 옮기는 우두를 가볍게 앓고 나면
천연두에 걸리지 않는다는 사실을 알게 되었어요.
이를 바탕으로 천연두 백신을 만들어냈지요.
이것이 바로 종두법의 시작이랍니다.

*영국의 의사 제너는 우두(젖소의 유방에 궤양이 생기는 질환)에 걸렸던 사람은
 천연두에 걸리지 않는다는 것을 알아내 이를 응용하여 천연두 백신을 만들어냈답니다.

그날 이후 지석영은 종두법에 대해 아는 사람을
찾기 위해 이곳저곳을 돌아다녔어요.
하지만 우리나라에는 종두법에 대해
아는 사람이 없었어요.
나라에서 서양의 학문을 함부로
배울 수 없도록 했기 때문이에요.
그러던 어느 날, 일본에 갔다 돌아온 박영선은
지석영에게 책 한 권을 건네 주었어요.
일본 사람이 쓴《종두귀감》이라는 책이었는데,
그 책에는 종두법에 대한 설명이 실려 있었어요.

또한 지석영은 종두법에 대해 알고 있는
일본인 의사가 부산 제생의원에서
일하고 있다는 소문을 듣게 되었어요.
지석영은 곧 부산의 제생의원을 찾아갔어요.
"종두법을 배우기 위해 이 먼 곳까지 오다니……."
지석영의 *열정에 감동한 일본인 의사는
종두법에 대해 가르쳐 주었어요.

*열정은 어떤 일에 열렬한 애정을 가지고 열중하는 마음이에요.

얼마 후, 일본인 의사에게 *두묘와 *종두침을 얻어 집으로 돌아가던 지석영은 *처가에 들렀어요.
"장인 어른, *처남에게 종두를 해 줄까 합니다."
믿음직한 지석영의 설명에 장인 어른은 흔쾌히 승낙했지요.
하지만 어린 처남은 뾰족한 종두침을 보자, 겁에 질려 울상이 되었어요.
"으앙~ 너무 아플 것 같아요."
"걱정 마. 벌레가 무는 것처럼 잠깐 따끔할 뿐이야.
대신 이걸 맞으면 무서운 천연두에 걸리지 않는단다."
지석영의 말을 들은 처남은 고개를 끄덕이며 종두침을 맞았답니다.

*두묘는 종두의 원료가 되는 약이에요.
*종두침은 천연두 백신을 접종하는 침이에요.
*처가는 아내의 부모가 사는 집이에요.
*처남은 아내의 손아래 남자 형제를 가리키는 말이에요.

다음 날, 마당에 어린아이들이 옹기종기 모여들었어요.
"종두침을 맞으면 천연두에 안 걸린대."
"맞아맞아. 나도 들었어."
지석영은 아이들에게 종두침을 놓아 주었어요.
"좀 더 많은 사람들이 천연두를 예방할 수 있으면 좋을 텐데……."
지석영은 일본에 가서 천연두 백신의 *제조와 저장법을 배워 왔어요.
또한 백신 제조소를 짓는 등 종두법을 널리 알리는 데 힘썼답니다.

*제조는 원료(물건을 만드는 재료)를 활용하여 제품을 만드는 거예요.

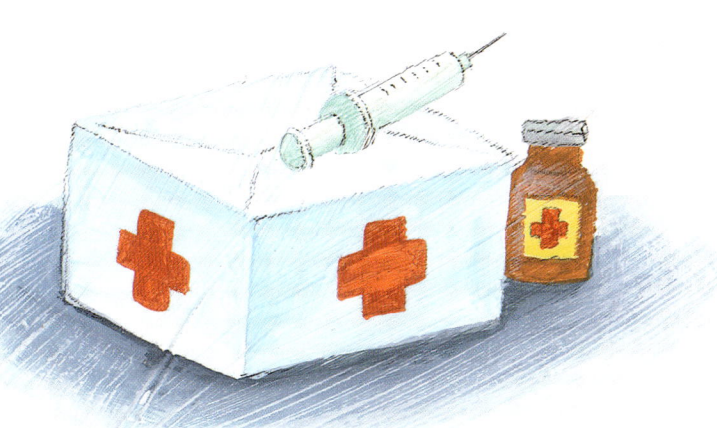

그런데 이런 지석영을 못마땅해하는 사람들이 있었어요.
바로 굿을 해 주고 돈을 받던 무당들이지요.
일본을 싫어하던 사람들도 일본인이 가르쳐준 것이라며
종두법을 싫어했어요.
이들은 두묘를 만드는 종두장을 불태워 버리기도 했답니다.

이러한 방해에도 불구하고 지석영은 종두법을 포기하지 않았어요.
*우두국을 설치하고, 종두 기술에 대한 책을 내기도 했지요.
의학교에서 교장으로 일하기도 했답니다.
한편 지석영은 우리글에도 관심이 많았어요.
"우리글을 바로 세워야 나라가 강해질 수 있다."
지석영은 국문연구소 위원으로서 우리글 연구에 힘을 기울였어요.

***우두국**은 천연두 예방 접종을 위해 설치된 관청이에요.

1910년, 일본에게 나라를 완전히 빼앗기게 되자
지석영은 맡고 있던 모든 자리에서 물러났어요.
"일본인을 위해 일할 수는 없지."
하지만 지석영은 그대로 주저앉아 있지는 않았어요.
'유유당'이라는 진료소를 차려 우리 민족의 미래를
짊어지고 나아갈 아이들의 건강을 돌보았지요.
나라를 위하는 마음으로 백성들을 돌보고,
*겨레를 사랑하는 마음으로
우리글 연구에 일생을 바친 지석영.
그는 우리나라의 의학과 언어 발전을 위해
끝까지 애쓰다가 조용히 세상을 떠났답니다.

*겨레는 혈통상으로 가까운 민족을 뜻해요.

지석영

따라잡기

1855년	서울 종로구 관훈동에서 태어났어요.
1876년	스승 박영선에게 종두법에 관한 책《종두귀감》을 받았어요.
1879년	부산 제생의원에서 일하고 있던 일본인 의사에게 우두법을 배웠어요.
	충청북도 충주시 덕산면에서 최초로 우두를 시술하였어요.
	서울로 올라와 종두장을 설치하였어요.
1880년	일본에 건너가 두묘의 제조법을 배우고, 두묘를 얻어서 돌아왔어요.
1885년	《우두신설》을 저술하였어요.
1895년	동래부 관찰사가 되었어요.
1896년	종두법을 널리 보급하였어요.
1899년	경성의학교가 세워져 교장으로 재직하였어요.
1908년	국문연구소의 위원이 되었어요.
	대한의원의육부의 학감이 되었어요.
1909년	한자를 국어로 풀이한《자전석요》를 간행하였어요.
1910년	일본에 나라를 빼앗기게 되자 대한의원의육부의 학감을 그만두었어요.
1914년	'유유당'이라는 소아진료소를 만들어 아이들을 돌보았어요.
1915년	전국조선의생대회(현 한의사협회의 전신)가 열려 회장을 맡았어요.
1916년	일제의 압박에 의해 조선의생회가 해체되고 말았어요.
1935년	조용히 세상을 떠났어요.

지석영

연관검색

인류 최악의 전염병 중 하나인 천연두를 물리치다!

천연두는 '두창', '마마'라고도 불리는 전염병이에요. 두창 바이러스 등에 감염되어 발생하며, 걸리면 대부분 목숨을 잃는 무서운 병이었어요. 영국의 의사 제너는 소의 유방에 궤양이 생기는 질환인 우두에 걸렸던 사람은 천연두에 걸리지 않는다는 사실을 알아내 이를 바탕으로 천연두 백신을 만들어 내기도 했어요. 19세기 후반 백신 접종이 본격적으로 이루어지면서 감염자가 크게 줄어들었답니다.

21세기 신종 전염병 코로나19와 백신

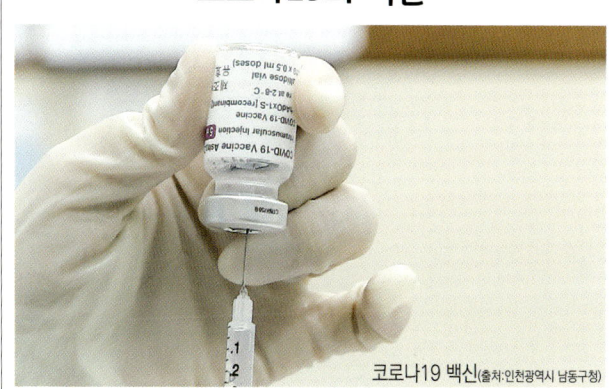

코로나19 백신(출처:인천광역시 남동구청)

백신은 병원체인 미생물을 사람의 몸에 투여하여 항체를 만들어내게 할 목적으로 개발되는 면역 유발약제예요. 2019년, 전 세계는 일명 '코로나19'로 불리는 전염병에 휩싸여 큰 혼란을 겪었어요. 이에 코로나19 백신이 만들어졌답니다.

광혜원, 제중원 그리고 세브란스병원

연세대학교 의과대학 부속 세브란스병원(현재)

1885년, 고종은 알렌의 건의를 받아들여 우리나라 최초의 서양식 국립병원인 광혜원을 설립하였어요. 이후 광혜원은 제중원으로 이름을 바꾸었으며, 1904년 세브란스병원으로 발전하였답니다.

지석영의 우리글 사랑이 모인 곳, 국문연구소

지석영의 《국문연구안》

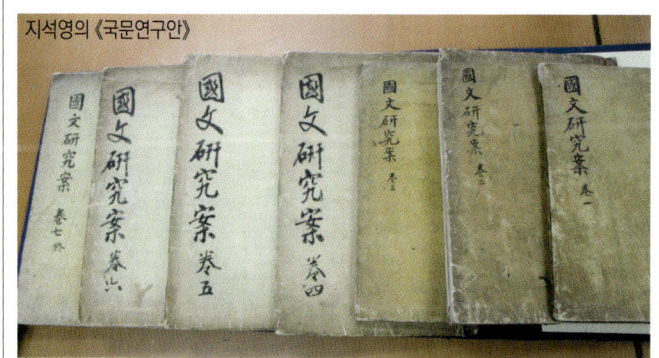

국문연구소는 주시경과 지석영 등을 중심으로 이루어진 한국어 연구 기관으로, 1907년에 설립되었어요. 지석영은 국문연구소의 위원으로서 한국어의 발전과 보급에 힘썼어요. 1909년에는 한자를 국어로 풀이한 《자전석요》를 간행하였답니다.

PHOTO ALBUM

송촌 지석영

연세대학교 안에 있는 광혜원

서울대학교병원 의학 박물관 앞에
세워진 지석영의 동상

서울대학교병원 의학 박물관(옛 대한의원, 대한제국 시대에 설립된 국립병원)

지석영이 사용했던 종두침

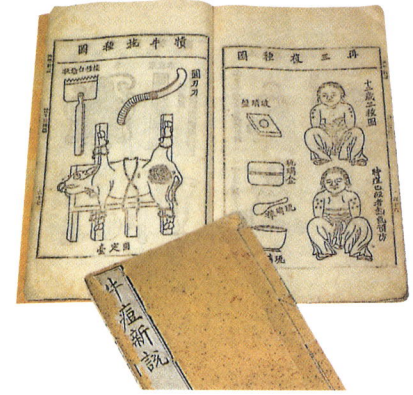

종두법에 관하여 저술한 지석영의 《우두신설》과
우두 접종에 관련된 그림

지석영

사진첩

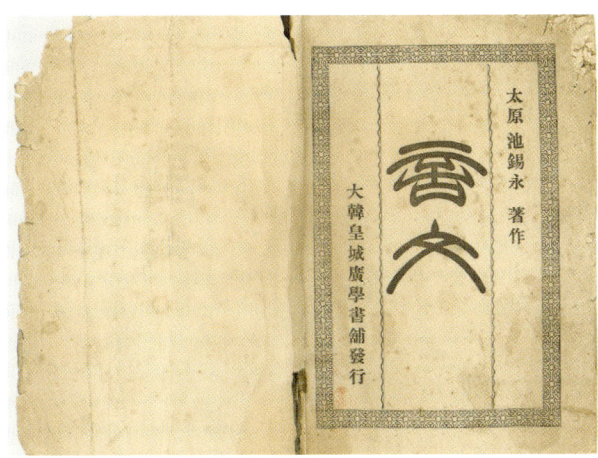
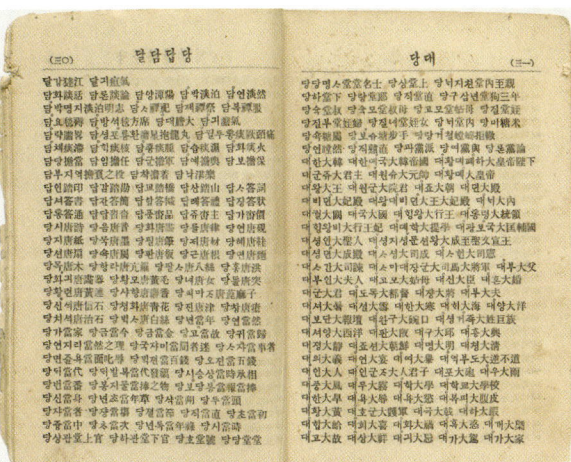

지석영의 《언문》

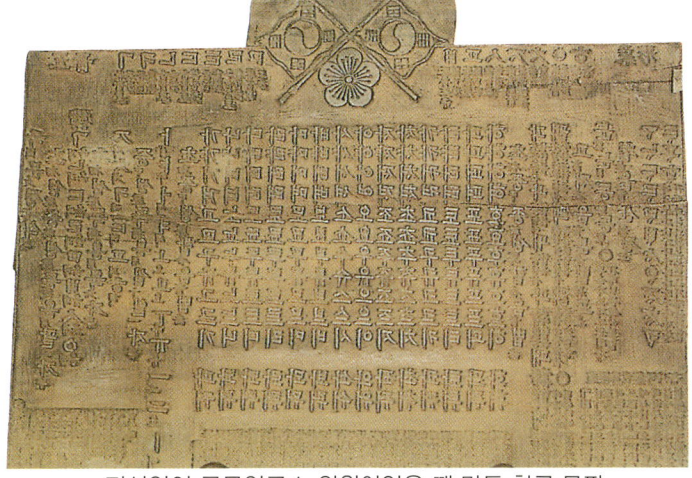

대구·경북 지방 최초의 서양 의료 기관인 제중원을 설립한 대구제일교회

관리의 복장을 한 지석영

지석영이 국문연구소 위원이었을 때 만든 한글 목판